Dieses Buch gehört

....

Liebe Eltern,

Ihr Kind kommt in der Familie oder im Umfeld häufig mit der französischen Sprache in Berührung. Wir wollen es beim Französischlernen unterstützen.

Unsere Bücher mit der liebenswerten Bildermaus enthalten kurze Geschichten auf Deutsch und auf Französisch mit einfachen Sätzen sowie großer und leicht lesbarer Schrift. Hauptwörter werden durch kleine Bilder ersetzt. Lesen Sie die Geschichten vor und lassen Sie Ihr Kind die Bilder selbst benennen. Auf jeder Seite finden Sie eine Bild-Wörterliste mit den einzelnen Vokabeln. Mit dem Domino-Spiel können Sie die neuen Wörter gemeinsam üben.

Spielerisch Französisch lernen mit der Bildermaus – so macht Lesen Spaß!

Bonne lecture!

Ihre

Bildermaus

Bildermaus

Mit Bildern Französisch lernen

Maja von Vogel

Schulgeschichten
Histoires d’école

Illustriert von Betina Gotzen-Beek
Übersetzt von Marie Le Guyader

Loewe

Maja von Vogel wurde 1973 geboren und wuchs im Emsland auf. Sie studierte Deutsch und Französisch, lebte ein Jahr in Paris und arbeitete mehrere Jahre als Lektorin in einem Kinderbuchverlag, bevor sie sich als Autorin und Übersetzerin selbstständig machte. Heute lebt Maja von Vogel in Norddeutschland.

Betina Gotzen-Beek wurde 1965 in Mönchengladbach geboren. Nach vielen Reisen durch Europa studierte sie Malerei und Grafikdesign. Seit 1996 illustriert sie Kinderbücher und lebt heute mit ihrer Familie in Freiburg. Mehr über die Illustratorin erfahrt ihr unter www.gotzen-beek.de.

FSC
www.fsc.org
MIX
Papier aus verantwortungsvollen Quellen
FSC® C109273

ISBN 978-3-7432-0508-6
1. Auflage 2020
Überarbeitete Neuausgabe des Titels *Geschichten aus der Schule*

Ins Französische übersetzt von Marie Le Guyader
Umschlag- und Innenillustrationen: Betina Gotzen-Beek
Umschlaggestaltung: Ramona Karl
Vignetten Bildermaus: Angelika Stubner
Reihenlogo: nach einem Entwurf von Angelika Stubner
Printed in the EU

www.loewe-verlag.de
www.bildermaus.de

Inhalt

Ellas erster Schultag

Heute fängt die  an! Ella freut sich sehr. „Ob die anderen  nett sind?“, überlegt sie laut.

Le premier jour d’école d’Ella

C’est aujourd’hui que l’

commence ! Ella est très contente.

« Est-ce que les autres 

sont gentils ? » se demande-t-elle

tout haut.

 l’école

 les enfants

„Bestimmt“, sagt Papa. Dann marschiert Ella stolz mit ihrer tollen roten  und dem neuen  aus dem .

« C’est sûr », dit Papa. Alors

Ella sort fièrement de la 

avec sa super  rouge et

son nouveau .

 la maison

 le cartable

 la pochette
de rentrée

Der  zur  ist nicht lang.

Auf dem  versammeln sich

die neuen . Ella reckt neugierig

den 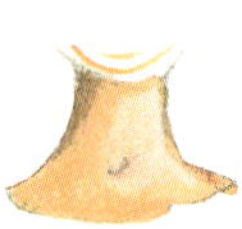. „Aua!“, ruft da jemand.

„Du stehst auf meinem 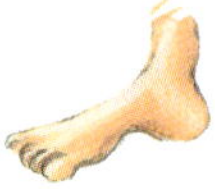!“

Le  pour aller à l' n'est pas long. Les  se rassemblent dans la . Ella tend le 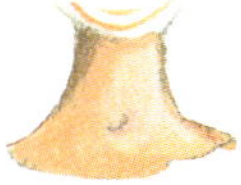, curieuse. « Aïe ! » crie quelqu'un près d'elle. « Tu marches sur mon 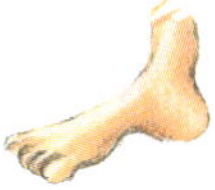 ! »

	le chemin		la cour
	l'école	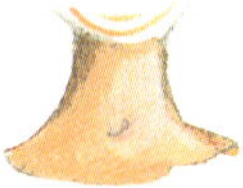	le cou
	les enfants	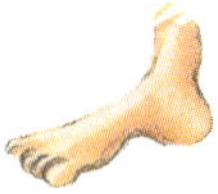	le pied

Ein  in einem rosa  funkelt Ella wütend an. Ella geht schnell einen  zurück. „Mach deine  auf!“, faucht das . „Jetzt sind meine neuen  schmutzig!“

Une  en 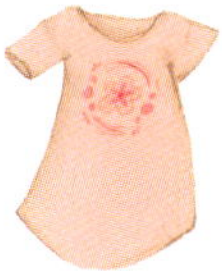 rose la regarde, furieuse. Ella recule vite d'un .

« Ouvre les  ! » dit la  en grognant. « Maintenant mes  neuves sont toutes sales ! »

	la fille		les yeux
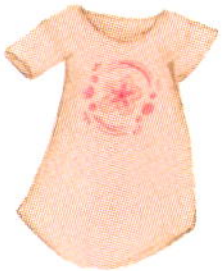	la robe		les chaussures
	le pas		

Ella schüttelt den . So eine  !

Plötzlich taucht ein  hinter der 

auf. Grinsend zückt er eine .

Will er sie etwa nass spritzen?

„Runter!“, ruft Ella. Die  duckt

sich, das 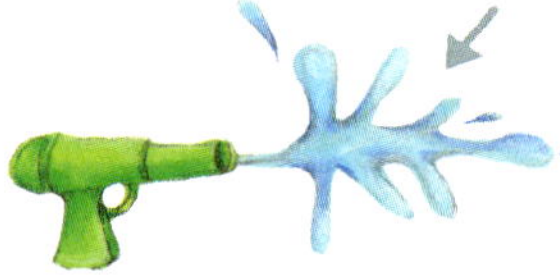 spritzt daneben.

Ella secoue la . Quelle  !

Soudain, un  surgit derrière la .

Il sort un  en ricanant. Est-ce qu'il va l'asperger ? « Baisse-toi ! » crie Ella. La  se baisse.

L'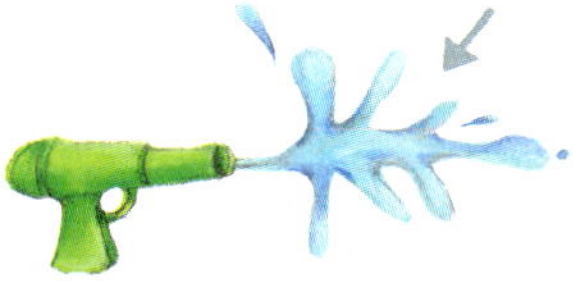 passe à côté.

 la tête

 le pistolet à eau

 chèvre

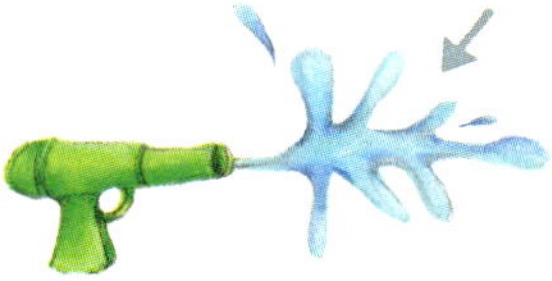 l'eau

 le garçon

„Hau ab, Benno!“, schimpft die 

und der  rennt lachend davon.

„Das war knapp“, stellt Ella fest.

Die  nickt. „Danke.“ Sie lächelt

zaghaft. „Ich bin Rieke.“ Ella

lächelt zurück. „Und ich Ella.“

« Va-t’en, Benno ! » peste la  et le  part en courant et en rigolant. « C’était moins une », constate Ella. La  acquiesce. « Merci. » Elle sourit timidement. « Je m’appelle Rieke. » Ella sourit aussi. « Et moi Ella. »

	la chèvre		le garçon

Rieke seufzt. „Benno kenne ich

schon aus dem . Er ist

echt nervig!“ Ella kichert. „Hab ich

gemerkt.“

Rieke soupire. « Je connais

Benno depuis le  .

Il est vraiment énervant ! »

Ella ricane. « J’avais remarqué. »

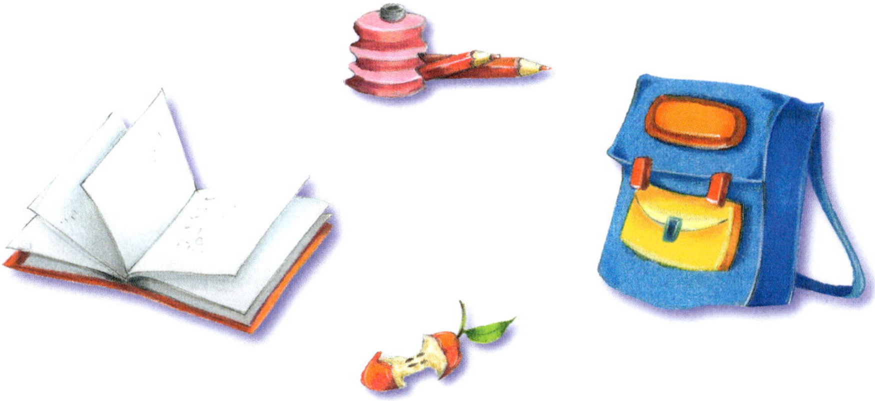

 le jardin d’enfants

Da klatscht die  in die 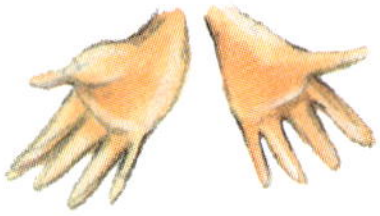.

„Ich heiße Frau Mohn“, sagt sie.

„Alle  mir nach!“ Aufgeregt

betritt Ella die . Ihr  klopft

wie verrückt.

C’est alors que la  frappe dans ses 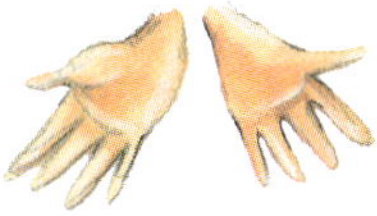 . « Je m’appelle Madame Mohn », dit-elle.

« Suivez-moi, les  ! » Ella entre dans l’ , tout excitée.

Son  bat très très fort.

	la maîtresse		l’école
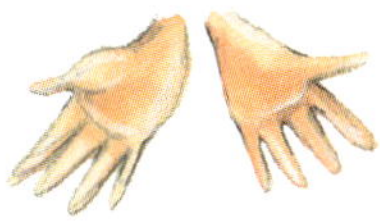	les mains		le cœur
	les enfants		

Da nimmt jemand ihre . Rieke!

Sie ist auch etwas blass um die .

„Wollen wir nebeneinandersitzen?“,

flüstert sie. Ella nickt. Sie drückt

Riekes . Für eine  ist sie

eigentlich ganz nett!

Quelqu'un lui prend la . Rieke !

Elle est un peu pâle autour du .

« Est-ce qu'on peut s'asseoir côte à côte ? » murmure-t-elle. Ella approuve à nouveau. Elle serre la  de Rieke. Pour une , elle est plutôt vraiment gentille !

 la main

 la chèvre

 le nez

Benno verschenkt sein Herz

Benno geht seit Kurzem in

die  . Das tollste 

der  heißt Ella. Sie spielt

super  und hat süße .

Benno offre son coeur

Benno va depuis peu à l'.

La  la plus géniale de la 

s'appelle Ella. Elle joue super bien

au  et a des  trop mignonnes.

 l'école

 la fille

 la classe

 le football

 les taches de rousseur

Leider ist sie mit Rieke befreundet,

der größten  der  !

Morgens rennt Benno dicht an

Ella vorbei. Aber sie tut so, als

wäre er  .

Malheureusement, elle est amie

avec Rieke, la plus grande 

de l'. En courant, Benno

passe tout près d'Ella. Mais elle

fait comme s'il était du .

 la chèvre

 le vent

 l'école

In der  verkündet Frau Mohn:

„Bald gehen wir in den  !“

Die  jubeln. Benno springt auf

und faucht wie ein . Er sieht zu

Ella, doch sie verdreht nur die .

Dans l'  , Madame Mohn annonce : « Nous allons bientôt aller au  ! » Les  exultent. Benno bondit et feule comme un . Il regarde Ella, mais celle-ci ne fait que lever les , agacée.

	l'école		le tigre
	le zoo		les yeux
	les enfants		

„Spiel nicht den , Benno!“, sagt

Frau Mohn streng. Kleinlaut setzt

sich Benno wieder auf seinen .

Später spielt Ella  auf dem .

Als sie zum  rennt, jagt

Benno hinterher.

« Ne fais pas le , Benno ! » dit Madame Mohn sévèrement. Gêné, Benno se rassoit sur sa . Plus tard, Ella joue au  dans la . Quand elle part vers le 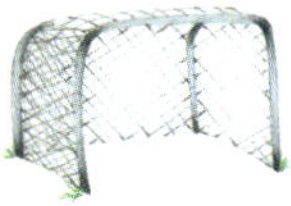 en courant, Benno la poursuit.

 le clown

 la cour

 la chaise

 le but

 le football

Er nimmt ihr den  ab und kickt

ihn ins . „Na, wie war ich?“, ruft

er stolz. Ella blickt ihn finster an.

„Was soll das? Hau ab!“ Traurig

lässt Benno die  hängen.

Il lui pique le  et le met dans le 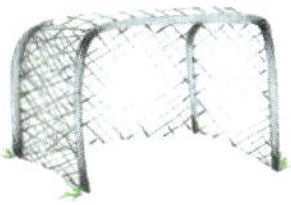. « Alors, j'étais comment ? » demande-t-il fier de lui. Ella le regarde d'un  noir. « Qu'est-ce que tu crois ? Va-t'en ! » Benno est si triste que ses  s'affaissent.

	le ballon		l'œil
	le but		les épaules

Da taucht Ole neben ihm auf. Ole

ist der kleinste  der  .

Er raunt Benno zu: „Warum bist

du nicht mal nett zu Ella, statt sie

zu ärgern?“

C’est alors qu’Ole surgit. Ole est

le plus petit  de la  .

Il chuchote à Benno : « Pourquoi

tu n’es pas sympa avec Ella, au

lieu de l’embêter ? »

	le garçon		la classe

Benno runzelt die . „Nett sein?

Echt?“ Aber warum eigentlich nicht?

Nach der  wartet Benno

auf Ella. „Du schon wieder!“,

stöhnt sie.

Benno plisse le . « Être sympa ? Vraiment ? » Mais, oui, pourquoi pas? Après l', Benno attend Ella. « Encore toi ! » soupire-t-elle.

 le front

 l'école

Benno zieht einen  hervor. Er sieht aus wie ein . „Für mich? Danke!“, sagt Ella überrascht.

Benno starrt auf seine .

„Wollen wir mal zusammen  spielen?“, fragt er.

Benno sort une . Elle ressemble

à un . « Pour moi? Merci ! »

dit Ella, surprise. Benno regarde

ses . « Est-ce qu’on pourrait

jouer ensemble au  ? »

demande-t-il.

 la sucette	 les chaussures
 le cœur	 le football

„Klar!“ Ella grinst. „Aber dann jage ich dir den  ab!“ Benno grinst zurück. „Das werden wir ja sehen.“

Und ganz plötzlich ist er der glücklichste  der  !

« Bien sûr ! » pouffe Ella. « Mais alors je vais te piquer le  ! »

Benno pouffe aussi. « Ça, on va voir. » Et soudain, il est le  le plus heureux de l' !

 le ballon

 l'école

 le garçon

Die Wörter zu den Bildern:

Schule

Kinder

Schultüte

Schulranzen

Haus

Weg

Schulhof

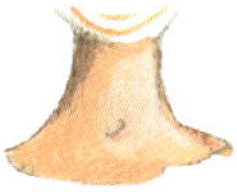
Hals

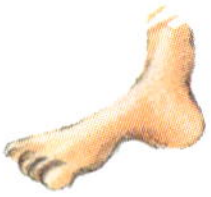
Fuß

Mädchen

Kleid

Schritt

Augen

Schuhe

Kopf

Ziege

Junge

Wasserpistole

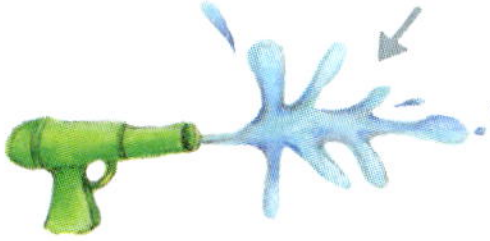 Wasser

 Kindergarten

 Lehrerin

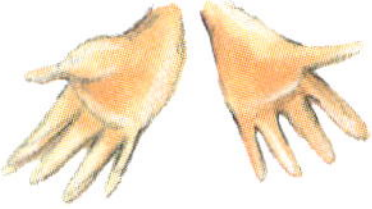 Hände

 Herz

 Nase

 Klasse

 Fußball

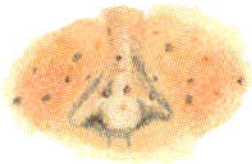 Sommer-
sprossen

 Luft

 Zoo

 Tiger

 Clown

 Stuhl

 Tor

 Schultern

 Stirn

 Lolli